AF278555

LE DROIT DU CITOYEN

SOUS

LA RÉPUBLIQUE

PAR

THÉODULE GOLIRO

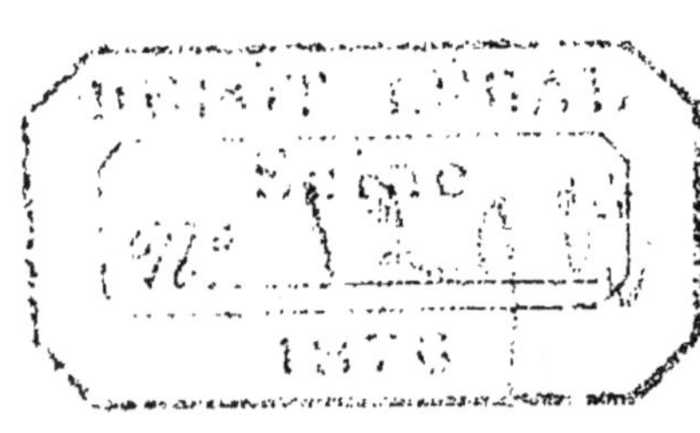

PARIS

IMPRIMERIE MODERNE (BARTHIER, Dʳ)

RUE JEAN-JACQUES-ROUSSEAU, 61

—

1876

LE DROIT DU CITOYEN

sous

LA RÉPUBLIQUE

CHAPITRE PREMIER

Avant la Révolution de 1789, nous étions tous esclaves des seigneurs, des nobles et du clergé, qui nous opprimaient et nous tyrannisaient de tous côtés. A l'un, c'était l'impôt, à l'autre, c'était la dîme. La mauvaise gestion des finances nous amena des troubles et des désordres. Louis XVI convoqua d'abord les États généraux, mais ils allèrent plus loin qu'il ne l'aurait voulu.

Un jour, il leur envoya un petit maître pour leur intimer l'ordre de sortir. Alors Mirabeau se leva : « Allez dire à votre maître, s'écria-t-il, que nous sommes ici par la volonté du peuple et que nous n'en sortirons que par la force des baïonnettes. »

Louis XVI eût peur, n'osa résister à l'Assemblée et se contenta de lui faire une opposition sourde.

Les nobles et les seigneurs émigrèrent ; ils passèrent à l'étranger, calomnièrent leur patrie et tâchèrent d'ameuter les rois et les empereurs contre la France.

Alors fut proclamée la République. Les rois et les empereurs, tremblant pour leur couronne, se préparaient à envahir la France. La République les prévint en attaquant.

A la tête des bataillons ennemis marchaient les émigrés qui, sans scrupule, osaient porter le fer et la flamme dans leur patrie, et verser le sang de leurs compatriotes qu'ils traitaient *de vassaux révoltés.*

Bientôt la République fut partout victorieuse et l'ennemi repoussé au-delà des frontières. Elle put s'occuper de réformes intérieures et proclamer les droits de l'homme et du citoyen :

« Les droits sont l'égalité, la liberté, la sûreté, la propriété.

« Tous les hommes sont égaux par la nature
et devant la loi.

« La loi est l'expression libre et solennelle
de la volonté générale ; elle est la même pour
tous, soit qu'elle protége, soit qu'elle punisse.

« Tous les citoyens sont également admis-
sibles aux emplois publics. Les peuples libres
ne connaissent d'autres motifs de préférence
dans leurs élections que les vertus et les ta-
lents. »

Cette belle déclaration des droits de l'homme,
le peuple français l'oublia bientôt. Du milieu
des armées surgit un homme, que la République avait élevé au premier rang. Dévoré d'am-
bition, ne songeant qu'à sa gloire personnelle,
Bonaparte n'eût qu'une pensée, s'emparer du
pouvoir, devenir *seul maître*.

Un crime, la dispersion par la force des représentants du peuple, lui donna ce pouvoir
tant convoité. Il prit le nom de premier consul.
Mais ce nom ne lui suffit plus bientôt, il voulut

être empereur et, comme Alexandre le Grand, mettre l'univers sous son pied.

Pour arriver à ce but, il enleva à l'industrie, à l'agriculture, tous les bras valides. Il fit de la France un camp retranché, et pendant quinze ans porta la guerre d'un bout à l'autre de l'Europe.

Sans souci de la vie de millions d'hommes, sans autre intérêt que d'acquérir le nom de victorieux, de grand, puisque nos frontières n'étaient nullement menacées, il épuisa toutes nos ressources en hommes et en argent.

Le jour du châtiment arriva. Napoléon entreprit la campagne de Russie. Parti avec 450,000 hommes pour Moscou, il revint à peu près seul. Son armée, décimée par les cosaques, mourant de faim et de froid, était restée ensevelie sous les neiges.

Rien n'arrêta plus l'ennemi. La France fut envahie et Paris forcé de capituler. Napoléon fut envoyé à l'île d'Elbe.

Vous savez le reste. Un an plus tard l'Empire s'écroulait définitivement à Waterloo. La dernière armée de la France, ses dernières ressources, étaient restées à Mont-Saint-Jean, aux Quatre-Bras. Les Bourbons et les émigrés revenaient avec l'étranger.

Voilà où l'oubli des principes avait conduit le peuple français. Laissant la liberté êt les droits de l'homme et du citoyen, qu'elle avait reçus de la Révolution de 1789, la nation confia les affaires de l'État à un dictateur, à un maître.

Vous savez maintenant où nous a conduit le premier Empire : la leçon était dure. Elle n'a pas suffi pourtant, puisqu'il nous reste à raconter de nouveaux désastres.

CHAPITRE II

L'Empire tombé, les Bourbons revinrent et, avec eux, les Émigrés. Ce fut Louis XVIII d'abord, puis son frère Charles X qui montèrent sur le trône.

Il fallut donner un milliard aux émigrés, à ces nobles qui n'avaient pas craint de conduire les bataillons ennemis dans leur propre patrie et de verser le sang de leurs compatriotes. A tous ces gens, il fallait des places et des priviléges. Ils voulaient rétablir l'ancien régime et ses abus, le droit d'aînesse, la dîme, etc.

Mais le peuple se lassa bientôt de cette tyrannie et voulut reconquérir ses droits en 1830. Le combat dura trois jours ; Charles X fut chassé. Les Chambres s'assemblèrent et appelèrent au trône le duc d'Orléans, qui fut reconnu pour roi des Français sous le nom de Louis-Philippe Ier. La Révolution terminée, le peuple français oublia encore une fois ses droits et la liberté.

Gouverné pendant dix-huit ans par la monarchie constitutionnelle, le pays réclamait la réforme électorale en 1848. Le gouvernement ne voulut pas y consentir.

Aussi le peuple irrité renversa-t-il Louis-Philippe et proclama-t-il la République le 24 février.

Cette nouvelle République, trop confiante, trop clémente, laissa rentrer tous les exilés. L'un d'eux, le conspirateur de Boulogne et de Strasbourg, portait le nom de Bonaparte. Pendant qu'il était prisonnier à Ham, il avait écrit une brochure intitulée l'*Extinction du Paupe-risme*. Cet aventurier, ce conspirateur ridicule, n'avait pas d'autres titres à l'admiration de ses concitoyens.

Cependant les ouvriers des villes et des campagnes, tous gens crédules à qui la République venait de donner le suffrage universel, ne virent en lui que le neveu du grand homme. Le 10 décembre 1848, Louis Bonaparte était nommé Président de la République.

Le 20 du même mois, Louis Bonaparte jurait devant l'Assemblée Nationale de rester fidèle à la République et prononçait ces paroles :

« Les suffrages de la nation et le serment que je viens de prêter commandent ma conduite future. Mon devoir est tracé, je le remplirai en homme d'honneur. Je verrais des ennemis de la patrie dans tous ceux qui tenteraient de changer, par des voies illégales, ce que la France entière a établi. »

Le 2 décembre 1851, ce même homme fit voir au peuple français quelle confiance il pouvait avoir dans la parole d'un prince et surtout d'un Bonaparte.

Par ses ordres, les représentants du peuple les plus influents, M. Thiers entre autres, étaient arrêtés pendant la nuit et jetés à Mazas. Le lendemain et les jours suivants, Paris était inondé de sang et la province terrorisée.

Enfin le 2 décembre 1852, Louis-Napoléon Bonaparte se faisait proclamer empereur sous le nom de Napoléon III. Quelque temps après, dans un voyage qu'il faisait à Bordeaux, il prononçait ces mots : L'Empire c'est la paix. Nous allons voir quelle paix le nouveau souverain réservait à ses sujets :

En 1854, l'Angleterre et la France déclarent la guerre à la Russie et font de concert le siége de Sébastopol qui, à lui seul, coûta plus de 85,000 morts.

Pendant que nos soldats étaient décimés par le choléra, le feu, le froid et les maladies de toutes sortes, l'empereur s'amusait et donnait des fêtes aux Tuileries. La paix fut signée à Paris le 26 avril 1856.

Le 3 mai 1859, nouvelle guerre. L'empereur vient aider le Piémont contre l'Autriche. La guerre d'Italie dure six semaines, coûte plus d'un demi milliard et cent mille hommes et, en résumé, mécontente contre la France ennemis et alliés.

En 1858-1859 et 1860, guerres en Chine et en Cochinchine à propos de missionnaires. Le plus beau fait d'armes du corps expéditionnaire, commandé par le général Cousin Montauban, fut le pillage du palais d'été de l'empereur de la Chine. Officiers généraux, officiers, soldats, enlevèrent tout ce qui leur fut possible d'emporter. Ce butin fut régulièrement embarqué pour l'Europe. Étrange façon d'importer la civilisation européenne et de la faire aimer.

En 1862 commence la désastreuse expédition du Mexique. Circonvenu par des étrangers mexicains, qui lui représentaient la chose comme facile, Napoléon III rêvait le renversement de la République mexicaine et la fondation en Amérique d'un grand empire de race latine, capable de balancer la puissance de la grande République des États-Unis. D'un autre côté, une partie de l'entourage de l'empereur, notamment le duc de Morny, toujours à l'affût d'un ou plusieurs millions à gagner sans peine, poussait à cette expédition, parce qu'un banquier genevois nommé Jecker offrait le partage du remboursement d'une créance véreuse qu'il avait sur le Mexique, à ceux qui s'emploiraient pour le lui faire obtenir.

La guerre fut déclarée de concert avec les Espagnols et les Anglais. Mais ces deux peuples se retirèrent bientôt et Napoléon 11I resta seul.

C'est alors qu'il s'éprit de l'idée de faire empereur du Mexique l'archiduc Maximilien d'Autriche. Ce dernier accepta le 15 avril 1864.

Trois ans après, Napoléon III était obligé d'abandonner son protégé et de rappeler ses troupes sur la menace des États-Unis. Les dernières troupes françaises rentrèrent en avril 1867. Le 15 juin de la même année, Maximilien était fusillé à Queretaro par les troupes mexicaines.

La guerre avait durée cinq ans. Notre trésor était vide, notre armée démoralisée, nos arsenaux dégarnis. Voilà la paix que nous avait promise Louis Bonaparte.

.Aussi au Corps Législatif, M. Thiers lui criait-il : Vous n'avez plus une seule faute à commettre.

CHAPITRE III

Hélas! non, l'Empire n'avait pas commis sa dernière faute.

Sentant son gouvernement menacé par l'opposition de jour en jour plus forte, Napoléon III tenta d'éblouir le peuple français par un plébiscite.

Le 8 mai 1870, les électeurs furent appelés au scrutin. Voter oui, c'était asseoir la liberté sur une base solide et assurer la paix.

7,358,786 votants crurent l'Empereur et votèrent *oui*.

1,571,939 électeurs ne voulurent pas être dupes et répondirent *non*.

Deux mois plus tard, l'empereur déclarait la guerre à la Prusse, et partait en campagne d'un cœur léger. « Grâce à vos soins, la France est prête, Sire », disait le maréchal Lebœuf.

Rien dans les forteresses, rien dans les magasins, voilà comment nous étions prêts! Pourtant, la France avait payé 400 millions par an!

Aussi l'effondrement de l'Empire ne se fit

pas longtemps attendre. L'empereur conduit son armée à Sedan et livre aux Prussiens un immense matériel et 80,000 hommes.

Quant à lui, fumant sa cigarette, il sort de Sedan, va remettre son épée au roi de Prusse et ose lui dire : « Ce n'est pas moi qui ait voulu la guerre, c'est la France ! »

En vain le gouvernement de la Défense nationale essaie-t-il de lutter contre l'envahisseur.

En vain organise-t-on de toutes parts de nouvelles armées ; en vain Paris résiste-t-il héroïquement, Bazaine le traître, Bazaine le bonapartiste, n'a qu'une pensée, livrer 180,000 hommes, 1,500 pièces de canons, 300,000 fusils.

L'ennemi est maître de Metz, il peut accabler nos nouvelles armées. C'est le dernier coup. La France est forcée de subir la paix.

L'Alsace et la Lorraine perdues.

Cinq milliards payés à l'ennemi.

Cent cinquante mille jeunes gens tués ou morts pendant la campagne,

Une augmentation considérable dans les impôts, voilà ce que nous coûte le second Empire.

CONCLUSION

Depuis six ans, nous sommes en République. Grâce à elle, nous avons pu libérer le territoire et vaincre l'insurrection la plus formidable que gouvernement ait eu jamais à combattre.

Malgré les lourds impôts que nous sommes obligés de payer pour réparer les fautes de l'Empire, notre commerce et nos finances sont prospères.

Nous n'avons plus de despote à nourrir et les prétendants des diverses familles royales savent qu'ils n'ont plus rien à espérer. Le bulletin de vote que nous mettons dans l'urne nous rend les maîtres de nos destinées.

Puissent les Français se souvenir toujours de ce beau principe contenu dans la déclaration des droits de l'homme.

Les droits de chacun sont l'égalité, la liberté, la sûreté, la propriété.

Paris. — Imp. Moderne (Barthier, d'), rue J.-J.-Rousseau, 61.

9 782011 749246